코딱지 파도 돼?

마리오나 톨로사 시스테레 글·그림 | 남진희 옮김

그레이트 BOOKS

안녕! 나는 코딱지야.

오늘은 코딱지 친구들을 만나러 학교에 왔어요.
내 친구들은 아이들을 따라 학교에 오는 걸 너무너무 좋아하죠.

특히 추운 겨울철에는
콧물과 코딱지가 많이 생겨요.
교실을 둘러보면 콧물이나
코딱지로 할 수 있는 일이
어마어마하다는 걸
눈치챌 수 있을 거예요.

콧물 방울 만들기

코딱지 먹기

재채기하며 콧물 튀기기

사실 콧물과 코딱지는 우리 몸을 지켜 주는 강력한 슈퍼히어로예요.
끈적끈적한 콧물이 바이러스나 세균(박테리아)을 붙잡아
우리 몸속에 병균이 함부로 들어오지 못하도록 막아 주지요.

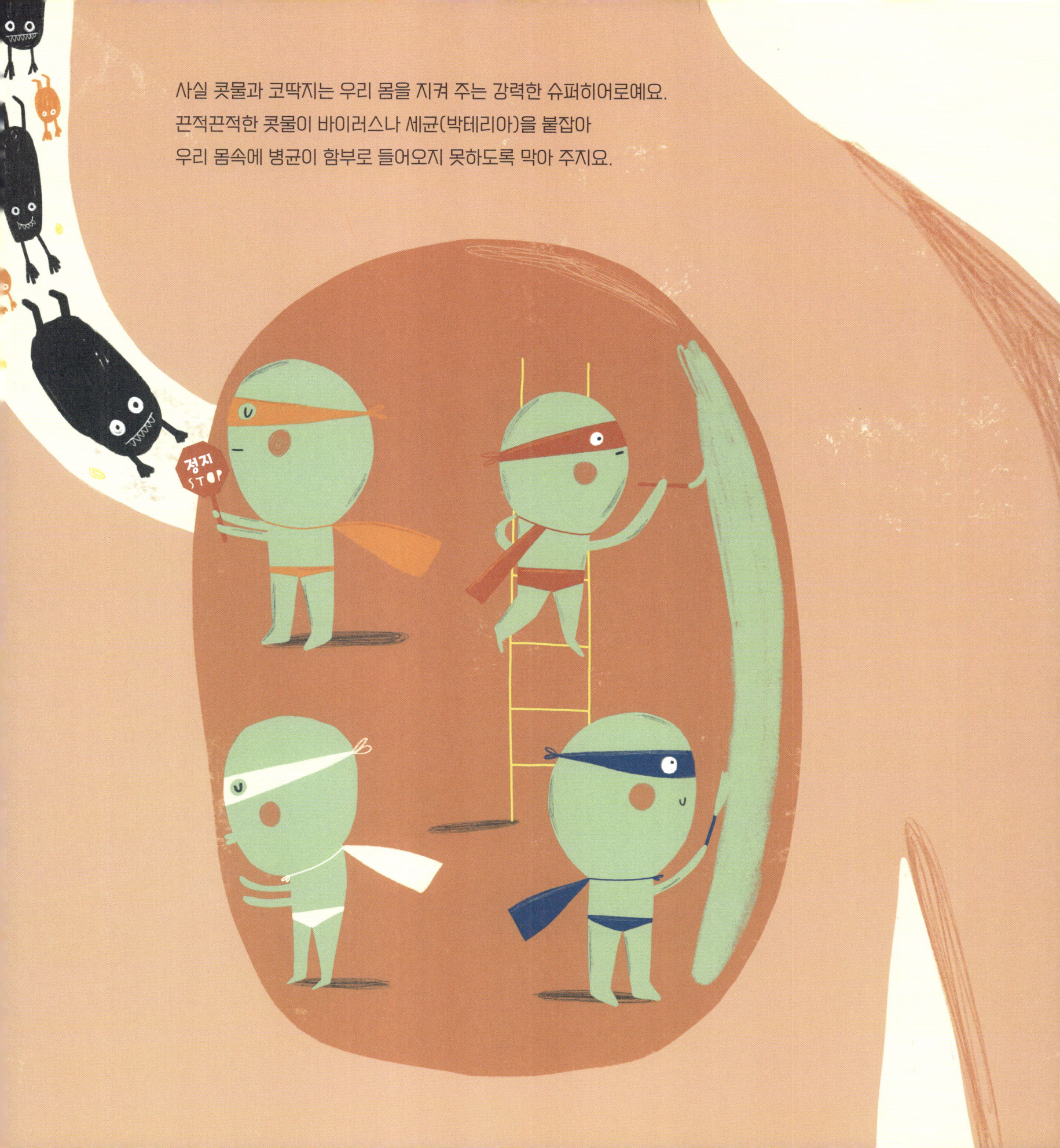

콧물의 정체

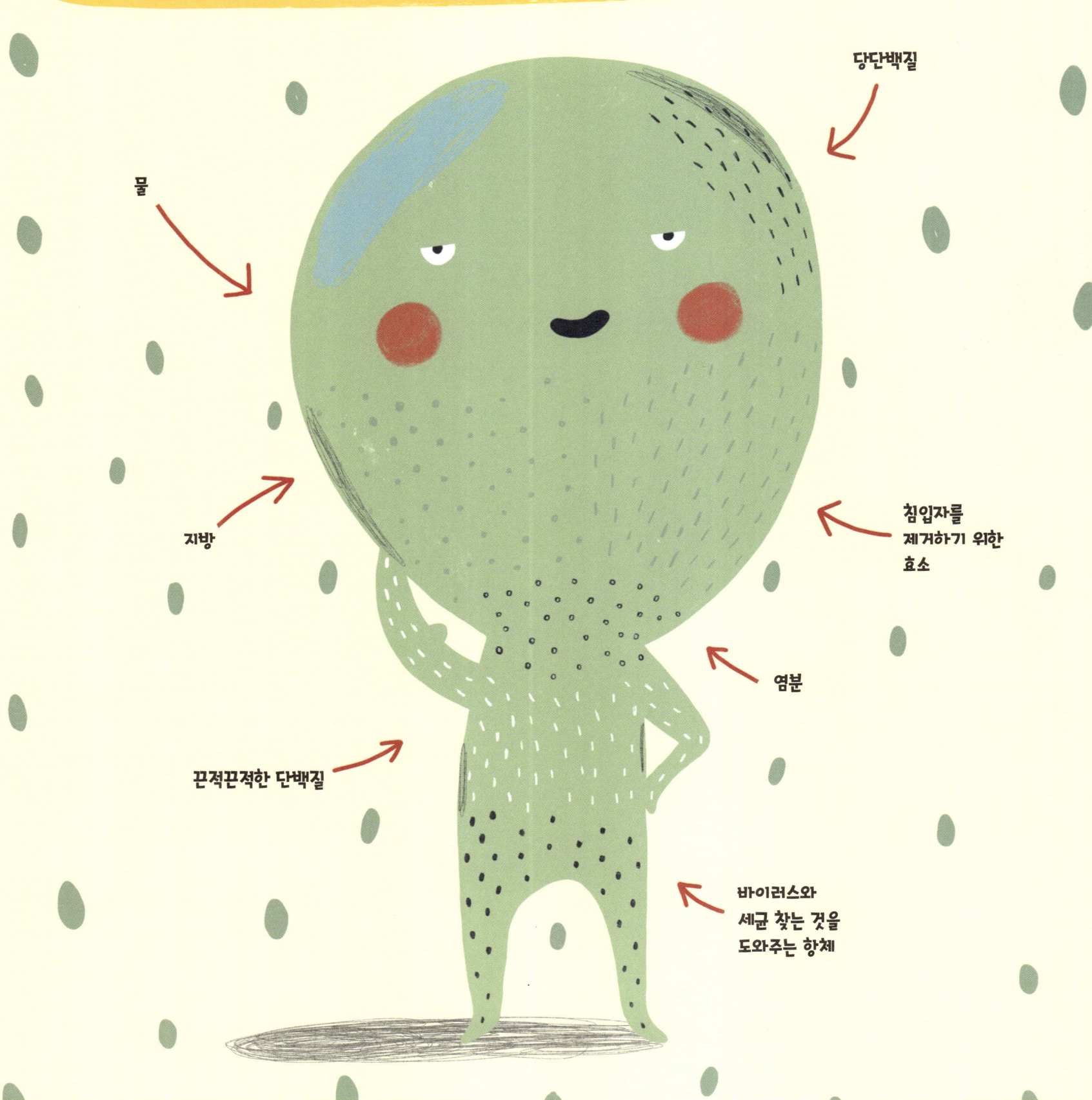

콧물은 여기 살아요

코딱지와 콧물은 부비강(코곁굴)에서 만들어져요. 부비강은 눈과 코를 둘러싼 머리 안쪽의 비어 있는 공간을 통틀어 이르는 말이에요. 부비강은 콧물을 만드는 세포로 덮여 있는데, 작은 관을 통해 콧속과 연결되어 있지요. 그래서 부비강에서 만들어진 콧물이 코로 나올 수 있어요.

코를 시원하게 뚫는 방법

코가 답답하다고요? 꼭 손가락으로 코를 파서 코딱지를 꺼내야 하는 건 아니에요.
어떤 다양한 방법이 있는지 함께 알아볼까요?

입을 꼭 다물기

코 풀기

휴지로 닦기

조심하세요!
코를 너무 세게
풀면 방귀가
나올 수 있어요.

1 코를 잘 닦아요.
입을 꽉 다물고
코를 "킁" 하고 풀면 돼요.

2 물, 주스, 수프를 많이 마셔,
몸속에 수분이 많아지면 코 막힘이 줄어들어요.

주스

수프

물

물을 많이
마셨으니
변기 가까이
있는 게 좋겠죠.

3 가습기를 틀거나 목욕탕처럼 습도가 높은 곳에 머물러요.
콧속이 촉촉해져서 숨 쉬기 편해져요.

4 여름에는 바다에서 잠수를 해 보세요.
바닷물이 코를 시원하게 뻥 뚫어 줄 거예요.

물고기들도 코딱지가 있을까?

코를 풀 때는 반드시 휴지나 손수건을 사용하세요!

콧물과 코딱지 색깔은 무엇을 알려 줄까요?

맑은 콧물

정상적인 콧물의 색깔이에요.

푸른빛이 돌거나 누런 콧물

우리 몸에 병균이 들어왔다는 신호예요.
또 우리 몸이 병균에 맞서
열심히 싸우고 있다는 뜻이지요.

붉은빛이 도는 콧물

코를 너무 많이 풀면 코 안쪽이 헐어요.
심한 경우엔 피도 나죠. 그러면
콧물이나 코딱지가 붉은빛을 띨 수도 있어요.

새까만 콧물

가까운 곳에 불이 나서 매연을 마셨거나
자동차 배기가스가 자욱한 곳에서 숨을 들이마시면
새까만 콧물이나 코딱지가 나올 수 있답니다.

콧물이나 코딱지가 만들어지는 이유는 여러 가지예요.
하지만 분명한 것은 언제나 우리 몸을 지키기 위해 만들어진다는 거죠.
몸속의 폐, 위, 장, 코 등에서는 끈끈한 점액을 끊임없이 만들어 내서
우리 몸을 보호합니다.

지금 이 순간 우리 몸속에
얼마나 많은 점액이 있는지 알면
깜짝 놀랄걸?

언제 콧물이 날까요?

콧물은 다양한 상황에서 나와요.

울 때

코딱지

감기에 걸렸을 때

저절로 흘러나온 콧물

추울 때

알레르기 반응이 일어났을 때

재채기를 통한 콧물의 여행

에에에에에취!
누구나 한 번쯤 재채기가 나오려고 할 때 코가 간질간질한 걸 느꼈을 거예요. 재채기는 폐에서
코를 통해 강하게 공기를 뿜는 일이에요. 이것은 바이러스나 세균을 몸 밖으로 끌어내는 데 도움을 주지요.
재채기는 시속 60km의 속도로 나와 5m까지 침을 튀게 만들어요. 만일 우리가 병에 걸렸다면,
다른 사람에게 병을 옮기는 것을 막기 위해 올바르게 재채기하는 방법을 배우는 게 좋아요.

1 기침이나 재채기를 할 때는 반드시 손수건이나 휴지로 코와 입을 가려야 해요.

2 휴지가 없으면 팔 안쪽을 사용하세요. 절대 손으로 막아서는 안 돼요. 손에 묻은 세균은 쉽게 다른 사람에게 옮겨 갈 수 있거든요.

3 물과 비누로 손을 자주 씻어요.

동물들도 코를 풀까요?

동물들은 코를 풀 때 휴지를 사용하지 않아요. 그렇지만 원숭이와 개를 비롯한 몇몇 동물은 코를 파거나 콧구멍을 청소하는 특별한 방법이 있대요.

기린은 코를 청소할 수 있는 아주아주 긴 혀가 있습니다.

개도 기린처럼 혀를 사용해 코를 청소해요.

돌고래는 머리 위에 있는 콧구멍으로 물과 공기를 강하게 뿜어냅니다.

엄마 보노보는 아기의 코에서 콧물을 빨아내 숨 쉬기 편하게 도와줘요.

꼬리감는원숭이는 작은 나뭇가지로 코를 후빈대요.

고릴라는 종종 손가락으로 코딱지를 파서 먹습니다.

하쿠숀
일본

나라와 문화에 따라 재채기에 대한 반응도 제각각이에요. 이란에서는 재채기가 연달아 나오면 하던 일을 멈춰요. 재채기를 특별한 신호로 받아들이기 때문이지요. 일본에서는 공공장소에서 코를 푸는 게 예의 없는 행동이에요. 식사를 하거나 여럿이 모인 곳에서는 코를 풀고 싶어도 참아야 합니다.

멕시코에서는 옆 사람이 재채기를 하면 첫 번째에는 '건강', 두 번째에는 '돈', 세 번째에는 '사랑'이라고 말해 줍니다.

콧물과 보낸 일 년

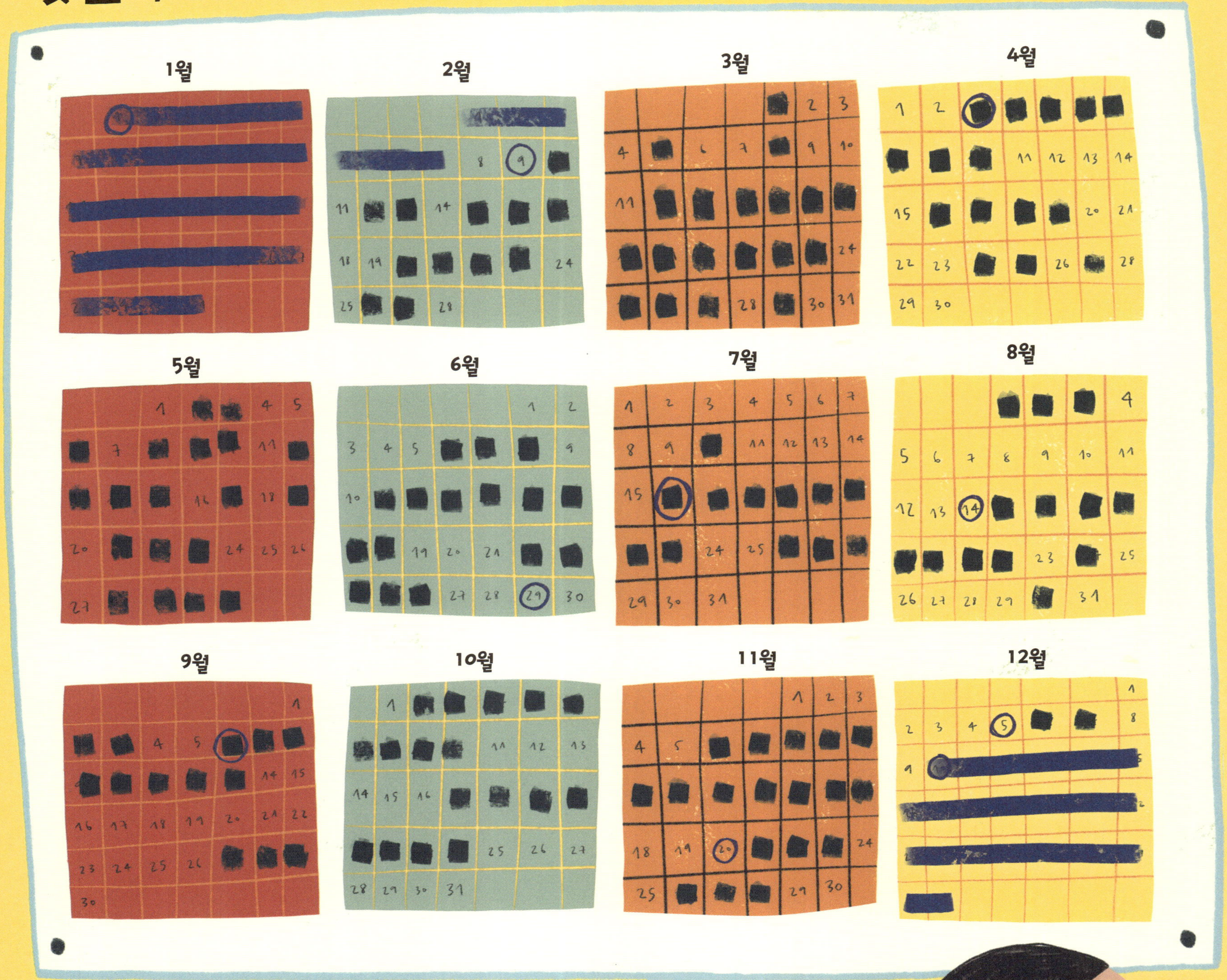

● 일 년 중 가장 추운 겨울철, 아이들은 60일 내내 콧물을 흘릴 수 있습니다.

◯ 어린이집이나 유치원에 다니는 아이는 일 년 동안 10번 정도 감기에 걸립니다.

■ 감기에 걸려 콧물이 나오는 증상은 20일 가까이 계속될 수 있습니다. 일 년 중 200일 동안 콧물을 달고 지낼 수도 있지요.

사람들은 일 년에 400번의 재채기를 한대요.

1L의 콧물

우리 몸이 날마다 1L에 가까운 점액을 만든다는 것을 알고 있나요? 콧물은 일부러 먹지 않아도, 자연스럽게 코에서 목구멍으로 내려간답니다. 우리는 하루에 콧물 50숟갈을 먹는 셈이지요.

정답을 공개합니다!

거짓 1 감기는 대부분 바이러스가 일으키는 질병입니다. 그러므로 몸속 세균을 없애는 항생제로는 감기가 치료되지 않으며 콧물을 줄이는 효과 역시 증명되지 않았습니다.

거짓 2 추운 계절에 사람들은 감기에 많이 걸립니다. 그렇지만 겨울에 외투를 벗고 나가 놀았다고 해서 모두 감기에 걸리는 것은 아닙니다.

거짓 3 이 주장은 과학적인 근거가 없습니다. 콧물과 이가 빠지는 것의 관계는 연구된 바 없습니다.

사실 4 코와 귀는 유스타키오관으로 연결되어 있습니다. 어른의 유스타키오관은 귀를 향해 올라가 있지만 아이들은 유스타키오관이 짧고 수평에 가까워 콧물이 쉽게 귀로 넘어갈 수 있지요.

사실 5 어딘가에 부딪혔을 때 피부에 멍이 드는 것과 비슷합니다. 콧물을 이루는 성분 중 하나인 효소는 공기를 만나면 색이 바뀝니다. 감기에 걸려 콧물 색깔이 변하는 것은 너무나 흔한 일이니 걱정 마세요.

거짓 6 우유와 콧물이 만들어지는 과정 사이에 어떤 관련이 있는지는 밝혀지지 않았습니다.

거짓 7 콧물은 가슴으로 내려가지 않습니다. 폐로 내려가는 것은 기도에서 콧물이 막지 못한 바이러스나 세균입니다. 바이러스가 폐에 침투하면 기침이 나오지요.

거짓 8 열은 감기 증상 중 하나지만 감기에 걸렸다고 반드시 열이 나는 것은 아닙니다. 의사는 아이가 감기에 걸렸는지 진단할 때 체온만 재지 않고 아이의 상태를 세심하게 살피지요.

거짓 9 매일 규칙적인 식사만으로도 아이들이 성장하고 건강을 유지하는 데 필요한 영양소와 비타민을 충분히 섭취할 수 있습니다. 비타민을 많이 먹는다고 감기에 걸릴 확률이 줄어들지는 않아요.

사실 10 많은 아이들이 입으로 숨을 쉬는 게 익숙하지 않습니다. 만일 콧물이나 코딱지가 코의 절반 이상을 막아 버린다면 숨 쉴 때 공기가 반밖에 들어오지 못할 거예요. 편히 숨을 쉬기 위해서는 코를 깨끗이 하는 것이 매우 중요하지요.

글·그림 마리오나 톨로사 시스테레

스페인 바르셀로나에 살고 있는 일러스트레이터입니다. 우리가 어떤 것을 느끼고 무엇을 배우는지, 우리를 두렵게 하거나 행복하고 설레게 하는 것에 관심이 많습니다. 주로 종이, 연필, 크레용, 아닐린을 사용한 콜라주 작업을 하고 있습니다. 지은 책으로 〈궁금한 그림책 몸〉 시리즈가 있고, 《엄마 과학자의 남극 편지》《나는 나를 사랑해》에 그림을 그렸습니다.

홈페이지 www.marionatolosasistere.com
인스타그램 @marionatolosasistere

옮김 남진희

한국외국어대학교에서 중남미 문학을 연구하여 박사 학위를 받았습니다. 한국외국어대학교에서 강의를 하면서 스페인·중남미 문학 작품을 우리말로 옮기는 일을 하고 있습니다. 옮긴 책으로 《우리가 99%》《세상에서 가장 하얀 생쥐》 《돌연변이 용과 함께 배우는 유전학》《꼬마 돈키호테》〈궁금한 그림책 몸〉 시리즈 《나의 우주에는 마법 바퀴가 있어요》 등이 있습니다.

코딱지 파도 돼?

초판 1쇄 발행 2019년 6월 5일
초판 5쇄 발행 2022년 2월 28일
글·그림 마리오나 톨로사 시스테레 | 옮김 남진희
편집 김채은·김문주 이선아 김서중 정윤경 | 디자인 박진희 | 제작 박천복 김태근 고형서 | 마케팅 윤병일 박유진 | 홍보디자인 최진주
펴낸이 김경택 | 펴낸곳 (주)그레이트북스 | 등록 2003년 9월 19일 제313-2003-000311호
주소 서울시 구로구 디지털로31길 20 에이스테크노타워5차 12층
대표번호 02-6711-8676 | 홈페이지 www.greatbooks.co.kr
ISBN 978-89-271-9249-7 77470   978-89-271-9885-7 (세트)

ⓒ 2019, Zahorí de Ideas (www.zahorideideas.com)
ⓒ Illustrations and Texts: Mariona Tolosa Sisteré
Korean translation Copyright ⓒ 2019 Greatbooks, Inc.
Arranged through Icarias Agency, Seoul.

이 책의 한국어판 저작권은 Icarias Agency를 통해 Zahori de Ideas와 독점 계약한 (주)그레이트북스에 있습니다.
저작권법에 의하여 한국 내에서 보호를 받는 저작물이므로 무단전재 및 복제를 금합니다.

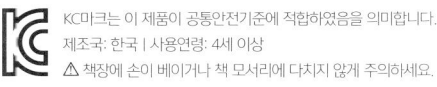

KC마크는 이 제품이 공통안전기준에 적합하였음을 의미합니다.
제조국: 한국 | 사용연령: 4세 이상
⚠ 책장에 손이 베이거나 책 모서리에 다치지 않게 주의하세요.